DE LA

PRESCRIPTION DE L'ACTION

EN RESPONSABILITÉ

CONTRE LES ARCHITECTES ET ENTREPRENEURS

PAR

H. DE LALANDE

DOCTEUR EN DROIT, AVOCAT A LA COUR D'APPEL DE PARIS.

PARIS

ERNEST THORIN, ÉDITEUR

Libraire du Collège de France, de l'Ecole normale supérieure
des Ecoles françaises d'Athènes et de Rome

7, RUE DE MÉDICIS, 7

1882

DE LA

PRESCRIPTION DE L'ACTION EN RESPONSABILITÉ

CONTRE

LES ARCHITECTES ET ENTREPRENEURS

Extrait de la *Revue générale du droit*.

TOULOUSE, IMPRIMERIE A. CHAUVIN ET FILS, RUE DES SALENQUES, 28.

DE LA
PRESCRIPTION DE L'ACTION

EN RESPONSABILITÉ

CONTRE LES ARCHITECTES ET ENTREPRENEURS

PAR

H. DE LALANDE

DOCTEUR EN DROIT, AVOCAT A LA COUR D'APPEL DE PARIS.

PARIS

ERNEST THORIN, ÉDITEUR

Libraire du Collège de France, de l'Ecole normale supérieure
des Écoles françaises d'Athènes et de Rome

7, RUE DE MÉDICIS, 7

1882

DE LA

PRESCRIPTION DE L'ACTION EN RESPONSABILITÉ

CONTRE

LES ARCHITECTES ET ENTREPRENEURS

I. — La Cour de cassation a rendu récemment, toutes Chambres réunies, un arrêt qui tranche l'une des questions les plus intéressantes et les plus controversées de notre droit : celle de la prescription de l'action en garantie contre les architectes et entrepreneurs. Nous nous proposons ici de rappeler aussi brièvement que possible les éléments de cette controverse, aujourd'hui close en jurisprudence par la décision solennelle du 2 août 1882, mais qui n'est sans doute pas encore épuisée en la doctrine.

II. — Le principe de la responsabilité des constructeurs remonte à une époque reculée. On le voit apparaître en droit romain ; il existait assurément dans nos coutumes ; le code civil l'a consacré ; mais le législateur moderne n'a pas été assez heureux pour tracer les règles de cette responsabilité en termes tellement nets qu'aucune difficulté ne pût s'élever sur leur interprétation.

Voyons donc ce qui n'est pas douteux, voyons ce qui est controversé.

III. — La garantie du propriétaire contre l'architecte ou entrepreneur a été limitée à un laps de dix années. Art. 1792 : Si l'édifice construit à prix fait périt en tout ou en partie par le vice de la construction, même par le vice du sol, les architecte et entrepreneur en sont responsables pendant dix ans.

Art. 2270 : Après dix ans, l'architecte et les entrepreneurs sont déchargés de la garantie des gros ouvrages qu'ils ont faits ou dirigés.

Nous verrons s'il y a lieu d'accorder un sens spécial à ce dernier texte qui, au premier abord, semble à quelques personnes n'être qu'une répétition du précédent. Ce qui est certain, c'est que le constructeur est responsable des vices de construction *pendant dix ans*.

A partir de quel moment court le délai de garantie? — A partir de la réception des travaux. Si donc aucune défectuosité n'apparaît dans les dix ans, quand bien même les vices de construction les plus graves viendraient à se manifester plus tard, tout recours est perdu pour le propriétaire. Le défaut de solidité de l'édifice est-il, au contraire, signalé avant l'expiration de la période décennale, le propriétaire peut agir en garantie. Tout le monde est d'accord sur ce point.

IV. — Mais jusqu'à quel moment l'action, une fois née, est-elle recevable?

Serait-ce seulement jusqu'au dernier jour du délai de dix ans, après lequel le constructeur est « déchargé de toute responsabilité » (art. 2270)? — Ou bien l'action peut-elle être exercée dans les trente années à partir du jour de la manifestation du vice, conformément à la règle générale de l'art. 2262, c. civil? En d'autres termes, la prescription de dix ans s'applique-t-elle à la fois au principe de la garantie et à l'exercice de l'action qui sanctionne ce principe, ou bien concerne-t-elle uniquement l'existence de la responsabilité, laissant l'action sous l'empire du droit commun qui lui assignerait une durée de trente années?

Je charge un architecte de me construire une maison ; au bout de neuf années et onze mois après la réception des travaux, le bâtiment s'écroule ; dois-je intenter mon action en garantie dans le délai d'un mois, qui complète la période décennale, ou bien ne suis-je soumis désormais qu'à la prescription trentenaire?

La majorité des auteurs adopte la seconde solution ; la Cour suprême, dans l'arrêt auquel nous faisons allusion, a fixé la jurisprudence dans le sens de la première : nous essaierons de démontrer, en analysant les arguments très sérieux invoqués de part et d'autre, que la Cour suprême a sainement interprété la volonté du législateur et fait triompher les véritables principes. L'examen de cette grave question comporte deux divisions distinctes :

1° L'étude des précédents historiques ;

2° Celle de principes de notre droit contemporain.

La première partie se subdivise elle-même en trois paragraphes, qui s'appliquent, l'un au droit romain, l'autre au droit coutumier, le dernier aux travaux préparatoires du code civil.

V. *Droit romain.* — Le seul texte qui traite de la garantie des constructeurs est la loi 8 du *Code : De operibus publicis,* Lib. VIII, t. XII. Voici comment il s'exprime : « Omnes quibus vel cura mandata fuerit operum publicorum, vel pecunia ad extructionem solito more credita, *usque ad annos quindecim ab opere perfecto*, suis heredibus, teneantur obnoxii ; ità ut si quid vitii in ædificatione *intrà præstitutum tempus pervenerit*, de eorum patrimonio (exceptis tamen his casibus qui sunt fortuiti) *reformetur.* » — Les partisans des deux systèmes opposés se sont emparés tour à tour de ce passage et ont prétendu l'interpréter en leur faveur. A vrai dire, le texte du code ne résout pas la difficulté, — peut-être parce qu'au sens du jurisconsulte il n'y avait pas de difficulté — peut-être parce qu'il ne l'a pas prévue. Nous voyons bien que la garantie du constructeur est limitée à quinze ans à compter de l'achèvement des travaux, et si on peut tirer de là cette conclusion, selon nous rationnelle, que le constructeur doit être affranchi de toute responsabilité une fois le délai expiré et, par conséquent, ne peut être dès lors soumis à aucune action en garantie, il faut avouer que cette raison de décider serait puisée dans l'interprétation de la volonté du législateur, bien plus que dans le sens littéral du texte précité; car le jurisconsulte ne dit pas un mot de la durée de l'*action*, si on suppose que celle-ci a une existence et une durée propres; de telle sorte que la difficulté reste entière.

VI. *Droit coutumier.* — Mais nous trouverons dans notre ancien droit des documents qui doivent éclairer singulièrement le débat.

Les art. 126 et 127 de la coutume de Paris s'occupent de l'action des marchands et ouvriers, à raison de leurs fournitures ou de leurs salaires : Les maçons, charpentiers... ne peuvent faire action, ni demande de leurs marchandises, salaires et services *après un an passé*, à compter du jour de la délivrance de leurs marchandises...

Ce que Ferrière expliquait ainsi : Après les six mois passés, ou un an, *il n'y a plus d'action.*

Voilà qui nous semble déjà bien clair, car il serait difficile d'admettre que le délai de la prescription ne s'appliquât pas à l'*action* aussi bien qu'au droit lui-même ; le texte est trop précis et formel pour se plier à une autre interprétation : après un an ou six mois, tout *était fini*. Le marchand, maçon, charpentier... ne pouvait plus rien réclamer, à moins qu'il n'y eût, ajoute l'art. 127, « *cédule... ou interpellation judiciaire...* » Or, on assimilait de tous points, sauf quant à la durée, à cette action, celle qui était accordée en sens inverse au propriétaire contre les constructeurs. Voici en effet ce que dit textuellement Brodeau, le commentateur de la Coutume de Paris : *Comme* l'action des massons, charpentiers et autres ouvriers se prescrit par un an, à compter du jour du bâtiment et ouvrage parchevé ; *aussi l'action* que le bourgeois a contre eux, pour les vices et malfaçons, *tombe dans la prescription*. ..... La pratique du Châtelet est de dix ans pour les murs et gros ouvrages, et de trois ans pour les menues et autres réparations dont les vices et défauts sont visibles, *après lequel temps l'on n'est plus recevable, et il n'y a plus de recours ni de garantie, parce qu'il se peut faire que la ruine arrive plutôt par la vieillesse et caducité du vieil bâtiment que par la faute de celui qui y a travaillé.* — De même Pithou, dont Brodeau invoque d'ailleurs l'autorité, commentant les art. 200 et 201 de la Coutume de Troyes, disait : Pour le regard des menus ouvrages et réparations on dit qu'on tient au Chastelet qu'il faut agir contre l'ouvrier *dedans trois ans* ; qu'autrement *l'on n'est plus recevable*. Brodeau citait encore à l'appui de sa doctrine un arrêt de Lavergne, expression de la jurisprudence du temps.

Il résulte bien de ces passages que c'est toujours l'*action* et non pas seulement la garantie elle-même qui *tombe dans la prescription*.

En veut-on une preuve plus convaincante encore ?

Le même Pithou assimilait absolument l'action donnée au propriétaire contre le constructeur à l'action *redhibitoria*, et les mettait sur la même ligne. Or, disait-il, en parlant de l'action en garantie pour vices rédhibitoires, les dits neufs jours passés le marchand vendeur n'en est plus tenu.

Il est impossible de dire plus clairement que toute action est désormais éteinte et une solution contraire se fût d'ailleurs heurtée aux difficultés les plus graves ; il est évident que l'action en garantie pour vices rédhibitoires devait être exercée dans un très bref délai ; il suffit donc de constater l'assimilation faite par les anciens commentateurs entre les deux actions, pour en conclure qu'elles étaient régies par le même principe (1).

(1) *Sic* Ferrière, *De la prescription*, n° 30. — Desgodets, *Lois des bâtiments*, n° 114.

VII. *Travaux préparatoires.* — Telle était donc la jurisprudence dans notre ancien droit, telle était la doctrine des auteurs. Les rédacteurs du code civil ont-ils prétendu innover ? Personne ne saurait le soutenir, et les partisans des deux systèmes opposés s'empressent, au contraire, de reconnaître que, dans les travaux préparatoires, apparaît toujours la volonté de maintenir sur ce point la législation antérieure.

C'est ainsi qu'au cours de la discussion sur l'art. 115 du projet (art. 1792 actuel) M. Treilhard dit que « l'on a toujours suivi le principe consacré par l'article (1). » C'est ainsi encore que M. Joubert disait au Corps législatif : L'article relatif aux devis et marchés est également traité avec le plus grand soin; on y retrouve *toutes les règles consacrées par l'usage* sur la garantie due par les architectes ou entrepreneurs, soit en ce qui concerne le fait des personnes qu'ils emploient, soit en ce qui concerne la solidité des ouvrages.

Et plus tard, M. de Bigot-Préameneu, présentant au Corps législatif l'exposé des motifs du titre de la prescription, s'exprimait en ces termes sur l'art. 2270 : ... Il restait un cas qu'il convient de ne pas omettre : c'est celui de la prescription en faveur des architectes ou des entrepreneurs... *Le droit commun*, qui exige dix ans pour cette prescription, *a été maintenu.* Par droit commun, l'orateur entendait désigner le droit communément en usage à cette époque. Si donc on admet avec nous, ce qui est indiscutable, que l'ancien droit est resté en vigueur, on devra conclure, d'après les citations précédentes, que le législateur a fixé un délai unique de dix années, extinctif à la fois de la garantie elle-même et de l'action en responsabilité.

Cependant, nous insisterons encore sur l'étude des travaux préparatoires parce que nous y trouverons l'indication des motifs qui y ont déterminé les rédacteurs du code et la preuve de leur volonté réfléchie de limiter à une courte durée la garantie du constructeur.

VIII. — Tout d'abord nous voyons que dans la discussion qui s'est engagée sur l'art. 1792, on a établi nettement quelle était la situation spéciale de l'architecte et pour quelles raisons il convenait de le rendre responsable, pendant un certain laps de temps, du défaut de solidité de la construction.

____

(1) Fenet, t. XIV.

On distingue entre le contrat de louage d'ouvrage ordinaire et l'hypothèse qui nous occupe :

M. Regnand de Saint-Jean-d'Angély observe que Pothier décharge l'architecte de la responsabilité, aussitôt que l'ouvrage a été reçu, et que l'art. 113 semble supposer ce principe en l'appliquant au cas opposé. ·

M. Béranger répond que l'art. 113 se rapporte à tout ouvrage quelconque, au lieu que l'art. 115 (1792 actuel) établit une règle particulière pour les ouvrages dirigés par un architecte. Cette distinction est nécessaire; on peut facilement vérifier si un meuble est conditionné comme il doit l'être : aussi, *dès qu'il est reçu, il est juste que l'ouvrier soit dégagé de toute responsabilité;* mais il n'en est pas de même d'un édifice; il peut avoir toutes les apparences de la solidité, et cependant être affecté de vices cachés qui le fassent tomber après un laps de temps. L'architecte doit donc en répondre *pendant un délai suffisant pour qu'il devienne certain que la construction est solide* (1).

Voilà pourquoi l'architecte n'est pas déchargé de la garantie par la vérification et réception des travaux, ni par le paiement du prix ; voilà pourquoi il est responsable des vices du sol, même quand il les aurait signalés au propriétaire et c'est ce qui explique ces paroles de M. Treilhard : Il n'y a aucun inconvénient à être sévère pour l'architecte.

Les partisans de la doctrine opposée tirent argument de ces paroles pour soutenir que l'action doit durer trente ans ; mais on nous permettra de penser que la conclusion n'est nullement contenue dans les prémices; nous verrons, en effet, bientôt, en quel sens la loi s'est montrée sévère pour l'architecte.

Mais pourquoi a-t-on voulu limiter à dix ans ans la responsabilité du constructeur ? C'est que, dit M. Béranger, si *l'action* contre l'architecte n'a pas une durée trop longue, le bâtiment ne pourra périr sans qu'il soit évident que sa chute a pour cause un vice de construction.

Il s'agit donc bien d'une prescription d'action et la pensée du législateur se dégage clairement : il n'a pas voulu que le délai de dix ans une fois expiré, le constructeur pût être recherché. Ainsi le tribun Mouricault, après avoir justifié devant le tribunat le principe de la responsabilité de l'entrepreneur ajoutait : Au surplus, cette responsabilité de l'entrepreneur *ne dure que dix ans après le travail fait, vérifié et payé.*

Toutes ces citations nous paraissent probantes en faveur de notre thèse et cependant les défenseurs de la théorie adverse refusent de leur attribuer la portée qui découle pourtant, selon nous, du sens naturel des mots et soutiennent que notre sys-

___

(1) Fenet, t. XIV, p. 261 et suiv.

tème est contraire à l'application des principes de droit commun en matière de prescription.

Il est donc temps de se placer sur ce terrain et d'examiner quelle est la valeur des objections qu'on nous oppose.

IX. — On accuse la doctrine consacrée par la Cour de cassation de battre en brèche les principes du droit commun; mais, ce qu'on oublie de rappeler, ce sont ces principes eux-mêmes ; ce qu'on oublie de démontrer, c'est que les art. 1792 et 2270 ne constituent qu'une dérogation aux principes, auxquels il faut revenir, dès qu'on cesse d'être dans le cas prévu par l'exception.

Supposons, en effet, que les art. 1792 et 2270 n'existent pas. Voyons quelle serait la situation du constructeur.

Ce serait évidemment celle de toute personne qui a loué ses services pour exécuter un travail ; peu importerait l'étendue ou la gravité du contrat intervenu entre le locataire et le locateur ; il ne faudrait absolument tenir compte que de la nature de la convention pour apprécier et déterminer les rapports des parties entre elles. L'architecte serait donc responsable des fautes commises dans l'exercice de son mandat, dans les mêmes limites et de la même façon qu'un ouvrier qu'on aurait chargé, par exemple, de fabriquer le meuble le plus simple, le plus modeste.

Or, quelle est la règle, en pareil cas ? C'est que la réception de l'objet et le paiement du prix éteignent toute action contre l'ouvrier, excepté, bien entendu, dans le cas de fraude. En principe, il devrait en être de même pour l'architecte qui a terminé les travaux d'une construction, par cette raison que les obligations nées du contrat on pris fin. En effet, un contrat intervient entre un architecte et un propriétaire ; quelles sont les obligations réciproques des contractants ? L'architecte doit édifier une construction et il doit l'édifier solide, selon les règles de l'art. « Spondet peritiam artis », disait Pothier (1). De son côté, le propriétaire s'oblige à rémunérer l'architecte en raison de ses services. — Donc, les travaux reçus et approuvés (la réception implique approbation), les honoraires réglés, il semble que le

____

(1) *Traité du louage*, VII° partie, ch. 2, § III.

contrat soit intégralement exécuté et que les parties ne doivent plus, à cet égard, avoir aucun rapport entre elles.

Telle serait l'application du droit commun, et nous ne croyons pas qu'il puisse exister le moindre doute sur ce point : La garantie de dix ans à laquelle l'architecte est soumis déroge au droit commun, dit M. Laurent (1), en ce que l'ouvrier est déchargé de sa responsabilité dès qu'il a fourni l'ouvrage et que le propriétaire l'a reçu, tandis que l'architecte est responsable pendant dix ans.

X. — Nous devons donc rechercher pourquoi l'art. 1792 a consacré une règle spéciale à l'encontre des architectes et entrepreneurs.

Le motif de cette disposition tout exceptionnelle se trouve dans la discussion des travaux préparatoires que nous avons rappelée plus haut : *c'est qu'il est malaisé de vérifier immédiatement la solidité d'un édifice* ; *c'est que l'architecte*, comme disait M. Béranger, *doit en répondre pendant un délai suffisant pour qu'il devienne certain que la construction est solide.* Voilà la raison principale, unique peut-être, qui a inspiré le législateur.

D'autres considérations légitimeraient encore, au besoin, cette dérogation au droit commun.

Le propriétaire qui confie à un architecte le soin de lui édifier une maison prend une détermination autrement grave que celui qui commande un meuble à un ouvrier : il remet, en réalité, une partie de sa fortune, peut-être la totalité, entre les mains du constructeur; car si la maison n'est pas solide, si elle vient à s'écrouler, un tel événement pourrait causer la ruine du propriétaire qui, la plupart du temps, n'aura pas l'expérience nécessaire pour contrôler la partie technique de l'œuvre de l'architecte, ni pour s'assurer de la solidité du travail; de là, la nécessité d'un temps d'*épreuve* pendant lequel l'architecte sera responsable de la chute du bâtiment.

XI.   Telles sont les considérations qui justifient la règle *exceptionnelle*, nous le répétons, de l'art. 1792 , et ces paroles de Treilhard , qui en sont comme un bref exposé de motifs : il n'y aucun inconvénient à être sévère pour l'architecte.

(1) T. 26, n° 36.

Ainsi, on a été sévère pour le constructeur, et on a attribué au propriétaire une action en garantie qui, en l'absence d'une disposition expresse, lui eût fait défaut après la réception des travaux. L'art. 1792 constitue donc une faveur accordée, non aux architectes, mais *aux propriétaires*, et lorsqu'on dit, comme M. Laurent, que « de ce qu'on a accordé une première faveur il ne faut pas conclure qu'on a voulu en accorder une seconde, » nous acceptons le raisonnement, mais en le retournant contre le système qui l'invoque et nous répondrons : De ce que le législateur a accordé aux propriétaires contre les architectes une action en garantie exorbitante du droit commun, il ne faut pas conclure qu'il ait permis d'exercer cette action pendant trente ans, alors qu'il *limite* expressément à *dix années* la garantie due à raison des vices de construction ou des vices du sol. Il faut rester strictement dans les termes prévus par l'exception et revenir aussitôt après aux principes généraux qui veulent qu'*après dix ans*, délai de garantie imposé par les art. 1792 et 2270, l'architecte soit déchargé de toute responsabilité, absolument comme si, abstraction faite de cette période décennale, la réception des travaux venait d'avoir lieu.

XII. — C'est bien, en réalité, l'effet de ce délai fixé par la loi que de remettre, lorsqu'il est expiré, les choses au même point que si la construction venait d'être terminée, et on lui a attribué une durée de dix ans, par une sorte de compromis entre l'intérêt général et l'intérêt particulier. On a compris, d'une part, qu'il serait dangereux de décharger *immédiatement* le constructeur de toute responsabilité; d'autre part, qu'il serait funeste à toute une catégorie de travailleurs, d'artistes éminents, de fixer une trop longue durée à l'action en garantie; on a compris enfin qu'en permettant d'intenter une action en responsabilité trop longtemps après l'achèvement des travaux, on ouvrirait la porte à d'interminables procès, dont l'issue serait d'autant plus douteuse qu'il deviendrait plus difficile d'apporter la preuve des faits allégués de part et d'autre. Comme le faisait remarquer Brodeau, il se pouvait faire que la ruine arrive plutôt par la vieillesse et caducité du viel bâtiment que par la faute de celui qui a travaillé.

Et on a toujours pensé que dix années écoulées sans qu'aucun vice de construction se manifeste constituent un *temps d'épreuve* suffisant pour mettre à l'abri la responsabilité de l'architecte. Telle était bien la pensée des rédacteurs du code civil : Si l'action, disait M. Bérenger, n'a pas une durée trop longue, *le bâtiment ne pourra périr sans qu'il soit évident que sa chute a pour cause un vice de construction.*

De sorte que ce qu'on a voulu éviter, c'est le doute sur la question de savoir si la ruine du bâtiment a pour origine la faute de l'architecte ou toute autre cause indépendante de la volonté de celui-ci ; et, pour éviter toute discussion, on a déclaré que, si le vice se manifestait dans les dix ans de l'achèvement des travaux, l'architecte serait *présumé* responsable ; que si, au contraire, dix années s'écoulaient sans que rien ne fût venu révéler l'existence d'une défectuosité, l'architecte serait désormais à l'abri de toute recherche. Mais cette présomption même, qui pèse si lourdement sur le constructeur pendant dix ans, en mettant à sa charge la preuve de son irresponsabilité, s'il attribue la chute de l'édifice à un cas fortuit ou de force majeure, devient un nouvel argument en sa faveur quand on a cessé de pouvoir s'en prévaloir contre lui ; car, s'il n'est plus présumé *en faute,* comment pourra-t-on exercer une action qui repose uniquement sur cette présomption de faute ? Et comment l'obliger à prouver qu'il n'est pas responsable d'un fait à raison duquel la loi ne permet plus de le considérer *de plano* comme responsable ?

XIII. — Il serait bon d'ailleurs de s'entendre sur le caractère et l'étendue même de cette responsabilité des architectes.

Autrefois, la qualité d'architecte et celle d'entrepreneur se confondaient bien souvent ; l'art de la construction n'avait pas alors pris tout son essor et la plupart du temps le constructeur fournissait à la fois et le plan et les matériaux du bâtiment ; le nom d'architecte « était à peine connu », disait-on au Tribunat. La situation du constructeur était donc toute différente de ce qu'elle est, à notre époque, où il est rare de voir un architecte se charger, *à forfait,* d'édifier un bâtiment en se chargeant de fournir les matériaux ; quand il accepte cette situation, il cumule les qualités d'architecte et d'entrepreneur, qui sont très généralement séparées. Cette différence ne contient-elle pas le germe d'une distinction relative à l'étendue de responsabilité qui incombe, d'une part à celui qui dirige les travaux, d'autre part à celui qui les exécute ?

C'est ce qu'ont pensé MM. Aubry et Rau, qui posent ainsi la base de leur théorie :

La disposition de l'art. 1792 étant exceptionnelle, disent ses savant auteurs, doit être restreinte à l'hypothèse qu'elle prévoit.

Cette disposition est donc inapplicable à l'architecte qui, sans se charger d'une constructions, en a simplement dressé le plan ou surveillé et dirigé les travaux. D'un autre côté, elle est étrangère aux constructions entreprises, non point à forfait, mais moyennant un prix à déterminer d'après les bases d'un devis (1).

Et ils justifient cette thèse par la considération suivante :

La présomption légale de faute établie par l'art. 1792 s'explique par l'intérêt qu'a l'architecte ou l'entrepreneur qui s'est chargé *à forfait* d'une construction, de restreindre le plus possible les frais de cette construction. Or, comme cet intérêt n'existe plus lorsque le prix doit être déterminé d'après les bases d'un devis, la présomption dont s'agit n'a plus, dans cette hypothèse, de raison d'être.

Ainsi, dans le cas prévu par l'art. 1792, *mais dans ce cas seulement*, l'architecte serait responsable pendant dix ans et, durant ce laps de temps, une présomption de faute pèsera sur lui, si un vice vient à se manifester. Que si on se trouve en présence d'un architecte qui a simplement dressé le plan et dirigé les travaux, c'est l'art. 2270 qui déterminera l'étendue de la responsabilité, mais alors ce sera *au propriétaire à faire la preuve de la faute* reprochée au constructeur.

L'architecte jouera, dans ce dernier cas, le rôle qui est véritablement le sien, d'après la nature des choses : celui d'un mandataire salarié, soumis à une responsabilité spéciale pendant un laps de dix années ; il rentrerait dans le droit commun en ce sens que, suivant le principe général, le fardeau de la preuve incomberait au demandeur.

Telle est l'ingénieuse théorie de MM. Aubry et Rau ; elle nous paraît absolument rationnelle et conforme au texte de la loi. Est-elle conforme à son esprit? Est-ce bien là ce que le législateur a voulu dire? Il serait peut-être téméraire de se livrer, sur ce point, à des affirmations; car les travaux préparatoire n'indiquent pas, au moins d'une manière bien nette, que les rédacteurs du code civil aient eu la pensée d'établir une distinction. Ce qu'on peut dire, cependant, c'est qu'il est rigoureusement juridique de restreindre une exception aux hypothè-

_____

(1) Aubry et Rau, *Cours de droit civil*, t. IV, § 374, p. 530-532.

ses qu'elle prévoit et que la présomption de faute contre l'architecte n'existant qu'en vertu de l'art. 1792, ce texte cesse d'être applicable, quant à cette présomption même, dès qu'on se trouve dans l'un des cas soumis au principe de l'art. 2270 : Une présomption légale de faute, disent MM. Aubry et Rau, ne peut et ne doit être étendue à des hypothèses autres que celle pour laquelle elle a été établie. (V. Req. rej. 15 juin 1863. S. 63, 1, 409) (1).

XIV. — Quelque opinion qu'on ait, d'ailleurs, sur la portée respective des art. 1792 et 2270, en ce qui concerne le principe même de la responsabilité et son étendue suivant le rôle que joue l'architecte, il est un point qu'il nous paraît difficile de contester : c'est que ces deux textes ne prévoient pas la même hypothèse et n'ont pas entendu régler la même difficulté. — Sans doute, dira-t-on, l'art. 2270 complète l'art. 1792 en ce qu'il étend le principe de la responsabilité décennale au delà des limites posées par le second de ces textes, et c'est bien tout ce qu'il veut dire.

Voilà ce qu'il est nous impossible d'admettre. Si la disposition de l'art. 2270 n'avait d'autre objet que de compléter l'art. 1792, elle eût été insérée au titre du louage, et c'était alors sa place naturelle. Mais ce n'est point là qu'on la trouve : c'est au titre *de la prescription* DES ACTIONS, et à la section III d'un chapitre, qui contient précisément des *exceptions à la prescription trentenaire*. et qui traite de la *prescription par dix et vingt ans*; elle doit donc s'appliquer à la prescription de l'*action*. — Cet argument, tiré de la place qu'occupe l'art. 2270 au titre de la prescription, nous paraît très probant; il indique bien quelle a dû être la pensée du législateur : celui-ci a voulu d'abord établir le principe de la responsabilité et en limiter la durée; — il a entendu ensuite renfermer dans les mêmes bornes l'*action* qui sanctionnait le principe, et pour donner en quelque sorte plus de relief à la règle qu'il posait, pour indiquer nettement que, une fois la

____

(1) Quelques auteurs, notamment M. Laurent (t. XXVI, n° 50), ont prétendu que l'art. 1792 n'établissait pas une présomption de faute, et que le propriétaire qui actionnait le constructeur devait faire la preuve de la faute qu'il lui imputait. — Cette théorie nous paraît contraire à l'esprit de l'art. 1792 et à tout ce qui a été dit lors des travaux préparatoires : la garantie exceptionnelle due par l'architecte repose essentiellement sur une présomption de faute; si elle avait une autre base, il n'y aurait eu aucune bonne raison pour la limiter à dix ans.

période décennale écoulée, l'architecte sera à l'abri de toute recherche, il s'est exprimé en ces termes : *Après dix ans, l'architecte et l'entrepreneur..... sont déchargés de la garantie.....* S'ils sont « *déchargés* », ils ne doivent plus rien ; s'ils ne doivent plus rien, comment pourrait-on les actionner ? Les rédacteurs du code civil seraient assurément bien étonnés d'apprendre qu'on leur attribue une doctrine en vertu de laquelle, tout en limitant à dix ans la responsabilité du constructeur, on l'expose, pendant trente, quarante années et plus, à une action en garantie.

XV. — Voyons donc si le système que nous adoptons ne heurte pas du moins quelques-uns de ces principes fondamentaux sur lesquels prétendent s'appuyer nos contradicteurs. — Que faites-vous, nous dit-on, de cette maxime qui domine toutes les règles en matière de prescription : *actioni non natæ non præscribitur ?* — L'action ne naît qu'avec la découverte du vice, c'est à partir de cette époque seulement que le propriétaire peut agir ; car la dette de garantie du constructeur ne devient exigible que par la manifestation de sa faute ; — jusque-là, il ne *doit* rien ; par conséquent, il ne peut commencer à se libérer. De même la prescription, peine infligée au créancier négligent, ne saurait courir contre une personne qui est dans l'impossibilité de faire valoir sa créance : *contrà non valentem agere non currit præscriptio.* On ajoute : Il se pourrait donc qu'un propriétaire, en présence d'un vice qui entraîne la ruine de son édifice, n'eût, pour agir contre l'architecte, qu'un an, qu'un mois, qu'un jour même, si la défectuosité n'est découverte que la veille de l'expiration du délai ! Cette conséquence suffirait, assure-t-on, pour faire condamner un semblable système.

Telle est l'objection dans toute sa force. Elle serait fort embarrassante si elle ne péchait par la base.

Non ! il n'est pas vrai de dire que l'action en garantie ne prend naissance qu'à l'époque de la découverte du vice ; elle est née au moment même où le constructeur a commis la faute professionnelle qui devait compromettre la solidité du bâtiment ; cette faute, génératrice de l'action en responsabilité, existe nécessairement au jour de la réception des travaux. A dater de cette époque, la dette étant née, *la garantie est due* ; seulement, le propriétaire ne pourra la réclamer que si le vice se manifeste dans la période décennale dont cette réception est le point de départ. Ce n'est point l'*ignorance* du créancier qui empêche une dette d'exister, pas plus que cette ignorance ne met obstacle au cours de la prescription libératoire en faveur du débiteur. Tous les jours on voit des dettes s'éteindre ainsi, sans que ceux au profit desquels elles existaient puissent invoquer la maxime : *contrà non valentem agere*... Cet adage ne s'applique pas à de semblables hypothèses et se rattache à un tout autre ordre d'idées ; il vise les *obstacles de droit* qui entravent l'action du créancier; par exemple, la minorité; mais il est étranger aux *circonstances* de fait qui peuvent s'opposer à l'exercice d'une action. — Et, dans le cas spécial qui nous occupe, il est fort possible que la découverte tardive du vice de construction provienne de la négligence du propriétaire.

Lors donc qu'une défectuosité occulte existe dans un bâtiment, l'architecte devient immédiatement responsable, c'est-à-dire débiteur, et sa dette subsiste pendant dix ans à partir de la réception des travaux. Si, durant ce laps de temps, le défaut de solidité apparaît, le propriétaire peut agir; que si, au contraire, le temps d'épreuve s'écoule sans que rien ne vienne trahir la faute de l'architecte, celui-ci est désormais à l'abri de tout recours. Et pourquoi ? Par cette raison que nous avons déjà indiquée avec nos anciens commentateurs : c'est qu'après ce laps de dix ans, il serait malaisé de reconnaître si la chute provient du fait du constructeur ou bien de la caducité du bâtiment. Après dix ans, en un mot, on suppose que la construction présentait un degré suffisant de solidité et que, même si quelque vice existe, le propriétaire qui ne s'en est pas aperçu a été, lui aussi, négligent et n'a pas vérifié avec assez de soin la bonne exécution des travaux.

XVI. — Voilà qui explique du même coup cette apparente anomalie résultant de l'identité du délai fixé pour les deux prescriptions, celle de la garantie et celle de l'action. — Si la ruine du bâtiment arrive quelques jours, quelques mois après la réception des travaux, il est très probable que l'architecte aura commis une faute lourde et il n'y a aucun inconvénient à accorder au propriétaire un long délai, tout ce qui reste à courir des dix

années, pour intenter son action ; que si le temps s'écoule et
que le vice ne se manifeste qu'au bout de neuf ans, par exemple, il est naturel de supposer que la faute du constructeur est
moins grave, puisque le bâtiment a pu subsister, et le propriétaire aura un délai moindre pour agir. La présomption qui pèse
sur l'architecte s'affaiblira ainsi graduellement, en même temps
que diminuera le délai imparti pour exercer l'action en garantie ;
enfin, à un moment donné, tout recours aura disparu. Et il ne
faut pas s'en étonner, c'est là l'effet ordinaire de toute prescription ; il suffit d'un jour pour perdre un droit qu'on aurait pu
exercer la veille, comme dix ans, vingt ans, trente ans plus tôt.
Le créancier qui a négligé de percevoir et de réclamer les arré-
rages d'une rente peut encore agir le trois cent soixante-cin-
quième jour de la quatrième année de l'échéance ; le lendemain,
il est déchu de son droit.

Au surplus, l'adoption du système adverse conduirait à un
résultat bien plus singulier encore ; le jour de l'expiration de
la période décennale, le propriétaire a *trente ans* pour agir, —
le lendemain, si l'édifice vient à crouler, tout droit à la garantie est éteint. D'où il résulte que, moins grave aura été la faute
de l'architecte, plus longue sera sa responsabilité. Du moins,
dans notre système, la durée de la responsabilité et celle de
l'action sont réglées de telle sorte que celle-ci devra être intentée dans un délai d'autant plus bref qu'on se rapproche du
terme extrême de la période de garantie.

XVII. — Aussi ne comprenons-nous guère l'étonnement de
ceux qui s'indignent contre ce résultat de la doctrine adop-
tée par la Cour de cassation : il serait pourtant bien facile d'en
trouver des exemples dans notre droit. — Il nous suffira de ·
citer quelques textes. Art. 475 du code civil. Aux termes de
cet article, l'action du mineur contre son tuteur est éteinte, les
cas de fraude exceptés. — Art. 1676. C. civ. La loi fixe un délai de
deux ans pendant lequel le vendeur d'immeubles peut attaquer la vente pour
cause de lésion de plus des 7/12 : ce délai court contre les mineurs, les femmes
mariées et les absents. — Loi du 28 mai 1838. Cette loi, relative aux vices
rédhibitoires en matière de vente d'animaux domestiques, n'accorde à l'acheteur,
pour agir, qu'un délai de neuf ou trente jours, et le point de départ du délai est
l'époque de la livraison, et non pas celle de la découverte du vice.

Art. 108 du code de commerce. — Au bout de six mois l'action contre le voiturier, ou commissionnaire pour perte ou avarie de la marchandise est éteinte.

Toutes ces solutions, qui se justifient d'ailleurs, comme celle que nous proposons, par des considérations pratiques les plus graves, constituent autant d'exceptions à la règle : *actioni non natæ non præscribitur*, en même temps qu'elles mettent en lumière cette idée : que le législateur a souvent voulu renfermer dans un délai unique et la garantie même et l'action qui la fait valoir, afin d'éviter de nombreux et interminables procès.

XVIII. — On invoque alors un dernier argument tiré de l'art. 2257 du code civil. Cet article est ainsi conçu : La prescription ne court point : à l'égard d'une créance qui dépend d'une condition, jusqu'à ce que la condition arrive ; — à l'égard d'une action en garantie, jusqu'à ce que l'éviction ait lieu...

Dans ces hypothèses, la prescription est suspendue. On en conclut que la ruine du bâtiment, la découverte du vice, qui constituent une sorte d'éviction, peuvent seules servir de point de départ à la prescription. Mais il faudrait prouver que la garantie due par l'architecte est de même nature que celle du vendeur ou bien que cette garantie constitue, au profit du propriétaire, une *créance conditionnelle* contre le constructeur. Or, ni l'une ni l'autre de ces propositions ne saurait se justifier.

XIX. — Tout d'abord, il est facile de démontrer que la découverte du vice occulte du bâtiment ne peut avoir les mêmes effets que l'éviction d'un acheteur, car les parties ne sont nullement dans la même situation juridique. A quoi s'oblige le vendeur ? A garantir la chose vendue, et cette obligation est perpétuelle ; elle s'étend, non seulement à la jouissance paisible, mais encore aux défauts cachés de la chose vendue (art. 1603 et 1641 et suiv.) ; toutefois, il faut ajouter que quand l'existence de ces défauts donne ouverture à l'action rédhibitoire, cette action doit être intentée dans un bref délai... (art. 1648).

Les obligations du constructeur sont toutes différentes. Il a promis, non pas de faire jouir, mais de *construire*, et de donner tous ses soins à la construction ; de sorte que quand l'ouvrage a été reçu, vérifié et payé, les deux parties sont quittes l'une envers l'autre ; et c'est, comme nous l'avons déjà établi, non pas en vertu d'une conséquence juridiquement nécessaire du

contrat de louage que la garantie est due après la réception,
mais en vertu d'une dérogation au droit commun, établie en
vue de l'intérêt général. Vouloir étendre la disposition de l'art.
2257 à la garantie décennale des architectes serait donc appliquer une règle exceptionnelle à un cas qu'elle n'a pas prévu :
prétention contraire à tous les principes.

XX. — Il est encore plus aisé de comprendre que la garantie due par l'architecte n'a nullement le caractère d'une
dette *conditionnelle*. Aux termes de l'art. 1168, une obligation
est conditionnelle « lorsqu'on la fait dépendre d'un événement
futur et *incertain*. » C'est la seule définition exacte de l'obligation conditionnelle ; tout le monde le reconnaît. S'il en est
ainsi, il est impossible de faire rentrer l'obligation de garantie
édictée par l'art. 1792 dans les termes de l'obligation conditionnelle définie par l'art. 1168. La créance du propriétaire, en effet,
n'est pas subordonnée à uue condition suspensive : ou bien elle
est née au moment de la réception des travaux, et sa source
peut être, à cette époque, ignorée des parties ; — ou bien elle ne
naîtra jamais ; car le vice de construction, origine de la garantie, doit nécessairement exister dès que les travaux sont ache-
vés. Il ne s'agit donc pas d'un événement *futur*, mais d'un événement *actuel*, dont le résultat n'est pas encore apparent, ce
qui exclut toute idée de condition. S'il n'y a pas de condition,
dans le sens juridique du mot, le système fondé sur l'art. 2257
s'écroule du même coup, et l'objection perd toute sa valeur.

XXI. — Il nous reste à faire ressortir les avantages, ou pour
mieux dire la nécessité pratique de la théorie que vient de con-
sacrer la Cour suprême.

Le premier mérite de cette solution, celui qui s'impose
d'abord à l'esprit, c'est la simplicité, la clarté ; après dix ans,
tout est fini ! Voilà donc une foule de procès coupés dans la
racine. Et quels procès ! La plupart du temps, si on accordait
au propriétaire trente ans pour exercer son action, il serait à
peu près impossible à l'architecte de se défendre avec succès,
puisqu'on pourrait, au bout de trente, quarante, cinquante années et plus, lui demander de prouver qu'il n'a commis aucune
faute, et que la chute du bâtiment construit par lui doit être

imputée à un fait qui lui est étranger. Comment pourrait-il fournir une pareille preuve après un si long temps? Et s'il n'est plus là, ce qui est bien probable, comment ses héritiers pourront-ils échapper à l'action en garantie, comment pourront-ils réunir les éléments de preuve nécessaires pour se soustraire à la responsabilité qui pèse *de plein droit* sur eux? Question d'autant plus grave qu'il suffit au propriétaire de démontrer *que le vice s'est manifesté dans les dix ans de la réception des travaux;* s'il s'est procuré cette preuve, il a *intérêt* à laisser sommeiller son action pendant plusieurs années au moins, et à accroître ainsi la difficulté qu'éprouvera l'architecte pour se défendre contre la présomption de faute. A ce point de vue, le long délai de la prescription trentenaire serait une prime d'encouragement à la mauvaise foi.

Ne serait-il pas d'ailleurs injuste que, sous prétexte de protéger le propriétaire contre son inexpérience, on laissât le constructeur exposé pour ainsi dire indéfiniment à une action en garantie, alors que ce dernier, qui a payé et congédié depuis longtemps ses employés et ouvriers, reste désormais sans recours contre eux? — L'interprétation que nous adoptons donne satisfaction à l'intérêt général, et ne lèse en aucune façon les droits, si respectables d'ailleurs, des propriétaires.

XXII. — Est-il besoin d'ajouter que cette même solution est indiquée en quelque sorte par le sens naturel des mots? L'architecte doit la garantie pendant dix ans. Soit! Mais qu'on nous permette de rappeler la comparaison familière rapportée par M. Mourlon. Quand un horloger vend une montre et la garantit pendant trois ans, l'acheteur pourra-t-il, si cette montre se dérange au bout de deux ans et onze mois, prétendre à un délai de trente années à partir de ce moment, pour exercer l'action en garantie (1)? Evidemment non. Il en est de même dans le cas de l'art. 1792. Comme le disait M. le procureur général Barbier dans ses remarquables conclusions : C'est là une sorte d'action rédhibitoire en ce sens que c'est la révélation d'un vice caché qui la met en mouvement. Or, une telle action doit être intentée dans un bref délai (art. 1648) Le bon sens l'exige avant la loi écrite, avant l'art. 1648, et dans la thèse adverse, le délai est à

______

(1) Mourlon, *Répétitions sur le code civil*, t. III, p. 326.

peu près indéfini. Cette seule considération la condamne et la démontre inacceptable.

XXIII. — Quelques mots suffiront pour faire connaître l'état de la doctrine et de la jurisprudence sur la question.

La majorité des auteurs a paru jusqu'ici se rallier au système que nous venons de combattre. Citons en ce sens MM. Laurent (t. XXVI, n° 58 et suiv.); — Troplong (*Du louage*, n°s 1006 à 1012); — Lepage (t. II, p. 12); — Fremy-Ligneville (t. I, n° 153); — Duranton (t. XXI, 291); — Aubry et Rau (t. IV, § 374); — Colmet de Santerre (t. VII, art. 1792).

Citons cependant, dans le camp opposé, MM. Favard de Langlade (v° *Prescription*, section III, § 2); — Perrin et Rendu, n° 1770); Delvincourt; Devilleneuve (Sirey, 37. 2. 257, note); — Clamageran (*Louage d'industrie*, n°s 276, 277); — Bancelin (*De la durée de l'action en responsabilité contre les architectes et entrepreneurs; Revue critique de législation*, t. IX, 1880, page 65).

XXIV. — Quant à la jurisprudence, aujourd'hui fixée par le récent arrêt de la Cour suprême, elle avait toujours donné, sauf le dissentiment causé par l'arrêt du 5 août 1879, aux art. 1792 et 2270 l'interprétation qui a prévalu; nous nous bornerons à citer les arrêts suivants :

Paris, 15 novembre 1836. S., 37. 2. 257.
Paris, 17 février 1853. S., 53. 2. 157.
Paris, 20 juillet 1857. S., 58. 2. 49.
Amiens, 16 mars 1880.
Paris, 25 mai 1881.

XXV. — Telle est, dans son ensemble, l'intéressante question que viennent de trancher les chambres réunies de la Cour suprême, et dont nous nous sommes efforcé de retracer l'historique, les principaux traits et la grande importance pratique.

9 782019 280406